論理の基準

小嶋敬三

KOJIMA Keizo

文芸社

まえがき

本書の題名について、「論理の基準」または「基準の論理」のどちらを先行して名づけるか迷ったが、思考の結果、「論理の基準」とした。世は理想に向かってはいるが途中経過であり、時代背景によって考え方の基準が違うのだ。そして、社会の基準は考え方の相違から偏ったものとなっている。本書は「論理の基準」を、自然に求めた。即ち、自然科学の中の力学や電磁気学、化学であり、なかでも電気分野の立場を中心に電気の法則を人の身体へ応用できるか試み、前向きな生き方を目標に掲げ、全ての人の幸福を望んだ書である。

1

自然科学の法則は普遍である。人間界の法は人によって違う。本論は自然の法則を認めて、人間界に自然の法則を応用する書である。

身体の性に関する欲求は、社会に対して満たされるか否かで不満に変貌する。一方、法治国家の中で、民主的とされる時代をつくる人が「食」と「性」をいかに獲得させるかを、身体の研究を基にリード役を務めている。模倣の文化を脱却するには、オリジナリティが欠かせない。そこで、科学的に身体を分析して基準をいかに決めるかが追究に値する問題となるのだ。人間が幸せになるためにその問題に取り組んでいこうと思う。

模倣の文化は、柳の枝のように世間の風の向きでいかようにも変わる性格を持っている。全く基準の理論もない故に、砂上の楼閣をつくっている。若い世代に合わせた性教育の国が、性教育の変化にも気づかなかったか、或いは一切教えないか、秘密のある社会をつくり上げてしまった。何事も借り物の文化ではすぐに崩壊してしまう。

ここで、まず電気のことから展開するが、pH（ペーハー）は電位との相関関係がある。よって、pH は電位差を別表現したものである。人体の血が pH7.4であるから、身体は弱アルカリである。しかし、身体のpHは「食」や行為によって変わる。理由は「食」に関しては、例えばアルコール等の酸性物質が身体に入ると身体は酸性に向かう。性行為に関してはpH7.4（ペーハー計で実測）という弱アルカリ物質である精液を体内から排出するので、身体はその分だけ酸性に向かう。また、pHの変化で日常茶飯時の身体の様子が判明する。そして、老化を促す性行為で精液を失った男性の身体は、精液が血液と同じくpH7.4の弱アルカリ性であるため、アルカリ物質減少分だけ酸化に傾く。性行為後、身体は酸化のために赤くなり、回数を重ねる毎に酸化は進行する。

身体は老化し、大人になっていき、精神的にも落ち着いていくようになる。人間の本能は、社会の圧制により自然に行動できない。教育により、性は科学的に推し進められ、幸福へと導かれる。安易に受け入れられた性の欲望は、メリットとデメリットを保有している。メリットは受け入れ易く、若者は世間を知らずに、時代の先取りでもしたかのように、親の時代遅れの性の無知を密かに笑う。早々に大人になった子供達は、大人の「ずるさ」を早くも修得し始め、今のような詐欺まがいの術を駆使し、汗をかくこともなく、金・金・金の世の中を渡り歩く人となった。

2

ここで、１つ問題がある。文化の発展はどのように検証するか、考えなければならない。「食・性」の満足は、暴力を否定する社会には好都合ではあるが、騙し取る技は、見えない社会を創り出してしまった。いわゆる詐欺的社会である。見えない社会で男と女を比較すると、男はタブー視されている部分に何か問題があると、疑問を抱く。即ち、何故男と女は同じように物づくりができないか。理由は見せない物があるからである。見せない物とは、男の裸体であり、写真や写実的絵画を見かけない。人は物をつくる前に頭にイメージを浮かばせ、その後デザインする。男性側のイメージトレーニングは、既に女性のグラビア雑誌など、思春期からでも手に入っていた。一方、女性側は同じような物がない。一口に、男性社会を物語っている。

女性は物が欲しかった時、どうやって手に入れるか考えたことがあるだろうか。店で買い求めるだけが手に入れる方法ではなかったのに、金と物との交換ができる便利さ故、物づくりのために頭を使うことを一切しなくなってしまった。

同様に男も手抜き文化として、金で何でも揃えることを主としてしまった。物づくりはプロの仕事ではあるが、専門家はごく少数であり、一般から離れていく。専門になればなるほど、少数になるが故に段々と孤独になっていく。

多数の人々は文化面でそれほど苦労することなく、周りに合わせて、動物的に身体さえ満足していれば、特に大金を求めず、地位も求めず、何とか食っていければ良いというライフスタイルを一生貫くこともできる。
一方、動物的でない文化的活動を求めると、食は最後に考え、画像のイメージを先行し、一歩進んでデザイン、さらに設計・施工と言うライフラインまで努力したならば、将来は裕福になるのは請け合いである。貧しさの中で、人は動物でもあり、身体の欲求は隠せないものである。しかしながら、社会という、人を圧迫する中での行動であるから、そうは簡単な道のりではない。人の能力ですら財の不足による教材不足、金で買えない法規制もあり、勉強したくてもできない状況が幼い頃から続き、男女とも、能力はあるのに、力を社会に向けて発揮できない。実のところ、女性も男性も同じように文化面では魅力を発揮できて当然なのである。
過去の「土佐日記」の中に「男もすなる日記といふものを、女もしてみむとてするなり」という１文がある。今、考えると日記ぐらい、男であろうと女であろうと、どうでもいい。馬鹿馬鹿しい限りである。今では車社会であり、男女とも、便利さゆえに運転可能にしている。
そう考えると、理系の分野に於いても男女の差はなくなる筈である。目から入る情報は耳より多く、絵画芸術に留まることなく、デザインのできるように、過去の風習に拘ることなく、男女間の技能を同等まで、辿り付くまで努力をしたならば、技術面で男女対等になる。これらを貫徹することによって、職場の男女均等化が図られ、女性が生活面でも男に頼ることなく対等になることが可能となる。どうしたら、能力を開発できるか、未だここでは全て言うことはできない。手段は勿論あるのであるが、社会の中の男女不均等は様々な障害をもたらし、暗に社会を混乱に導いて、正当な文化を築けない。人間である以上文化的に生活して、幸せを噛みしめたいものである。

3

文化と文明はそう簡単に切り離せるものではない。一般的に猿真似が横行し、周りを見ながらの物質文明である。高級な車に乗って見せただけで、上等なイメージを受ける。金全盛であるから、汚れたことは他人に任せ、騙してでも金を手にした方がこの世をうまく渡っていける。このような事象が日本国中にあるとすると、屈している弱い立場の人々を狙い撃ちにする。黙っていると、盗まれてしまう恐ろしい世界である。もともと、保証などなかったのである。国中、信ずるものがないので、自己の経済で生活を築くしかないのである。

旅行をして、見て学び、メディアで話を聞き、友人と話をしながらの毎日では、情報が尽きない。安心して暮らせる社会なら、別段新しいものも必要ない。年寄りの考えは守りに入って延命に入る。そして社会に溶け込んで目立たないように詐欺っぽく振る舞う。しかしながら、人は対面で会っているうちは真偽を隠せないものもある。

１つは顔である。皮膚の色や艶は人生を物語っている。

特に目は重要な因子である。人の目を見る前に、動物の目を見てみる。以前、約７年間アヒルを飼った経験から、目がやさしかったことを覚えている。また小さいながらも野鳥のスズメは目が厳しいと、観察してわかった。鶏も厳しい目をしている。

振り返って人間の目はどうなっているか。それは動物の世界と同じく、目の強さから、普段何を食べているか分かるような目になる。即ち、肉食は獰猛に見え、草食は目が優しく見える。動物は生きてゆくために、動物を殺して食っているからである。

ところが、動物どころか虫も殺せない人となると、勝手ながら、孤独な人生となってしまう。曲がった真実はないので、創始者は孤独の人生記録を世界中に発信する。暗い夜は明かりが欲しいものである。その明かりがなくなった時、現実には、金に困っている顔が目の中に窺える。

現在、マスクが急激に習慣化し、自分の顔を見せずに生活している。真相がお互いに見えないために目からの人の情報が不足する。そして、社会に貢献する人も目立たない。あくまで、サイクルをつくって団体と個人の間で利益を還元する。顔を見せない社会は初めての経験である。

4

孤独ではあるが、確信の持てる経験は記憶に残し、未来の発展のために記録を残す。勉強しないと、見えるものも見えず、聴こえるものも聴こえない。電気的には共振条件、別な言い方では、周波数が合わないと、受信機は動作しない。電気的には反対の物同士は仲がいいものである。同性同士は反発し、原理的に真偽は理系の本棚の中に在り、残りの人生を電気的に生きる。電気は偽りがなく、書籍は宝（信）の山となる。井戸端会議程度の豆知識はいらない。

人間が人間であるためには、動物の習性を知っておく必要がある。

動物は特に習性として生きるために「食」があり、「性」がある。人間は文化という財産があるので、動物よりかけ離れた余裕がある。余裕を感じさせるのに「遊び」がある。

また、仕事をするにも身体の余裕をつくる知識があるため、動物のように自然体ではない。即ち、「食」に関しては、例えばラーメンを食べて身体に酸化物等が入ると、身体は眠くなる。

ところが、ここで身体の還元を図れることが人間の為せる技である。昼寝をせず動いて身体の電圧を上げる。言い換えるとテンションを上げる。眠気の原因である人の電圧を下げないようにする。脳の働きを知って、眠らないで済む自分を発見する。その発見を知れば、さらに時間的余裕ができる。

汗を出して、アルカリ性の食べ物を取り入れて、さらにテンションの上がる環境で、自分を取り戻す。動かない人間では何も変わらないからである。

身体の酸化・還元を理解しただけで、こうも人生が変わっていくのである。電気仕掛けの自分に気づくのもそう遠くはなくなる時がくる。

自分のテンションが上がる場所は誰もが知っている筈である。テンションが上がる環境にいると、仕事が捗ることを知って、自宅ではなくわざわざ近くのファミレスを利用するのである。自己実現のために科学的に行動するわけであるが、場所の選択に金銭が掛かろうとも、目的に叶うことを考えると、どちらを選ぶか自ずと解るものである。

何をするのにも時間は必要であり、余裕を創らなかったら、人生の豊かさは過去の模倣の文化止まりである。

外に出ると、刺激がある。人と出会えば、人からの反射光である電磁波が放射された電波を受ける。また、温かい熱線「赤外線」で温かさを感じ取る。植物であれば、その姿が電気信号となって、人の目に留まる。勿論、太陽は電磁波を１年中放ち、人は光（可視光）や赤外線等を感じ取ることができる。

5

ここまでは光であったが、耳から入る音も身体を揺さぶるものがある。感じるのはあなた自身の耳である。いずれにしても、環境の選択は重要な因子である。自宅の部屋は緊張感のない空間であり、最も刺激のない環境である。

一方、日中の電車の中や夕刻のレストランの中では友人同士の若い女性が留まり、化学的に女性の放つ pH を強く浴びる。男のテンションは最高潮となる。この不安定な感触で自己の若さを感じ取る。若き女性客は物理・化学的に考えたことがあるか、知りたいところであるが、科学の当たり前の理論を展開したら興醒めである。目に見えない電磁波が至る所に在ることを覚える。

光の刺激には受け入れる側との相対で受け止め方に相違が生じる。ちょうど、音波に共振が在るように、光、即ち物理的に表現すると電磁波は、ただ見えているだけではなく、ワードの文章に貼りつく画像のように記憶していく。記憶の好条件は身体がアルカリ性に傾いている時である。１杯飲んで、アルコールで身体が酸化している状態では無理だ。

目から入る信頼できる知識は、耳よりも遥かに大きい。結果として、目からの情報を得て出来上がる生産物は、豊かにすることができる。

少し前に戻ってみよう。イメージ状態になるには、身体が弱アルカリ性になっている方が好条件である。腹いっぱいの状態では身体の中が酸化物でいっぱいになっている。また、性行為の後では、身体は行為前より酸化に傾いて、脳は不活性となっている。従って、不満の状態での方が、言い方を変えれば、我慢している状態での方が脳は活躍する。頭をフルに使うと、身体を動かさなくても動脈に血流が流れ、戻りの静脈にも流れ、手足は温かくなる。

6

昨今、若い内から、特に男性に対して社会的反抗が起こらないようにと、教育的指導による想像力の欠如が、技術的想像力を疎外している。楽曲の世界に於いても、性に根差す作詩が浅くなってしまっている。即ち、表面的になってしまっている。耳からの情報だけで想像してきた過去の人より、目から情報を得た現代人との違いが顕著となっている。

人は古来、ないものを補って良い方向へと導いたのではあるが、思考する鍛錬が残されなかった。丁度トレーニングを省いて、マラソンに挑むようなものである。

身体の不満を理解して我慢するのと、何も知らないで我慢するのとでは違いがある。物事を理解しているのと、理解していないのとでは大きな差があるのだ。人をコントロールできるか、できないかの違いが生じ、人の運命を左右しかねない。知識という情報は人の生命を左右することさえあるのだ。

他人の失敗や誤認を笑ってはいけない。自分の誤りを正すのも大事だが、他人の誤りを正すのも大事である。しかしながら、他人に素直に従って反省するのも面白くない話である。正しい経験上の知識であっても、そうは簡単に他人の知識を歓迎するものではない。我が人生には誰も誇りがあり、他人に従うことを嫌うのだ。特に新しい知識ほど、受け入れ難いのは誰もが経験する事象である。素直に受け入れて貰うには、他人の身体の pH がどの当たりであるかに掛かっている。

しかし、科学的に正しい知識を受け入れて貰うためとはいえ、他人の身体条件を変えて説得したり強要したりしたならば、まさしく悪であり、「黒」である。

簡単な例が、いっぱい飲ませて相手の身体が酸性に向かっている状態で脳が働かない時に営業する手口である。これは最初から詐欺行為である。身体を酸化状態にする方法はほかにもある。まさしく性行為を伴い他人の身体を酸化状態にしたうえでの詐欺行為である。異性の甘い行動には裏があり、自分の身体の状態がどういう状態か、常に科学的に観察しなければいけない。行動の誤りは人生を破壊してしまうので、自己管理をするのにpH理論を投入すると、誤った判断を防止できる。身体の状態を酸性に向けないように、我慢も大事な要素となる。

身体からアルカリ性物質が排出されると、身体は酸性に向かい脳の動きはリラックスして鈍くなる。中学の理科や高校の物理・化学の知識で、身体の状態を科学的に分析でき、騙しの社会で、正しい断絶を可能にすることができる。ないがしろにしてきた理科等の知識を必需品として取り扱うことをここで推奨する。

7

pHも電気現象と受け止めるには、さらに知識が必要となる。化学反応も電気現象として受け止めるにも、さらなる電気の知識を必要とする。まさか、詐欺を防止するのに電気の知識が必要などと、誰も思いつかないとは思うが、思考の流れを考えると、正しいと判る。

口に入れる食物でも、思考力が変化する。脳が回転し始めると、血液が頭に流れ、活発になる。身体は温くなり、血液の循環は良くなり、静脈まで辿り着く。手足も血液で満たしてくれる。ここで、身体はピークを迎え、文化活動を抑圧してしまう。そこで、酸化物で身体を酸化させ、思考を従属させれば、作業は引き続き可能となる。

体力はオームの法則に則り、動きある所に熱が発生、即ち発電し、エネルギーは脳の働きを強化する。しかも、脳は生命力ある現代の悩みを解決してゆく。身体のコントロールは電気の確固たる自然の法則に従っているので、アブソリュートである。

誤りのない行動をするために誤認してはいけないのは、誰も同様であり、２つ過ちを侵すと命取りとなる。生命とは継続するために創造力を働かせ、日々更新していかなければならない類いのものである。水の流れに淀みがあっては、濁って汚染、即ち腐敗してしまい、終末に向かってしまう。終末とは死に向かうことであり、サル真似文化ではどうにもならない運命なのである。

宇宙の正しい法則を知って、初めて正しい生活様式をつくり出せる。但し、正しいからといって、他人を理解のないまま強要などできない。だから、難しい局面に常に遭い、難色を示してしまう。

ロボットであれば、条件だけで、結果が導き出せる。即ち、論理の正しさは正しい結果を出すからである。科学は当たり前の論理を創る。身体の使い方を理解したならば、かなり自己目標を達成できるものと考えられる。ここで、世界に発信することができる。

身体のアルカリ化は危険な行動をもたらす。身体のpH は一定値であることを願う。血が騒ぐのは、血のpH が上昇してアルカリ化が進んだ時であり、無闇にアルカリ化が進んだ時、社会は還元してしまう。無能な者であれば、さほど危険はないが、大きな力の持ち主ほど、危険は大きい。

8

コンピューターの論理で動作するロボットと人間との違いは、人間が論理の正しさで行動していない点である。人間への情報伝達は主として目と耳を介在としているが、美と醜と比べて、どちらを選択するかに掛かっている。美は「生」であり、「醜」は「死」を意味する。

動物であれば、敢えて「死」を選ぶことはない。しかも、同類を滅ぼすことはしないものである。種族保存のためには外道と戦い、自らの生命を未来に繋げる。数学的連続の原理から歴史は途切れることなく、逆に飛躍することもない。誤った行動は後に戻れず、心を取り乱すと論理的にも矛盾だらけとなる。

誤りを犯さないためには、正しい事柄を常に持ち合わせていなければ、誤りとの比較ができず、判断を下すことができなくなる。正しい基準は何か、基準がないところに善悪の区別はない。

人の頭は、比較すること、数学的には不等号でどちらが有利か判断している。行動の前に正しい理論を持ち合わせていたならば、誤りなど犯すものではない。行動は判るまで、保留するものであり、先延ばしするものである。正しい理論はあるが、まさか、物理の法則であったり、数学の理論であったりすると、今まで考えたことがあっただろうか。

技術は物理の理論に照らし合わせ、現実のものを実現している。誤った技術は事故に繋がり、命取りになる。その度に原因究明をして改善に改善を積み重ねて、現在に至っている。取り返しのつかない誤りは、二度と犯してはならないのは、文系も理系同様である。社会は初めての犯罪に対しては前例がないため、判断が難しい。判断に創意が必要となるからであり、判断を誤れば後世に不幸をもたらしてしまうからである。

9

判断基準を過去の法に求めているが、法の目的が、「全て平等に幸せになるように」というものならば、そこには正義が存在する。しかしながら、現実には強者の圧力が正義の足を引っ張って、幸せはなかなかやって来ないのが実情である。

そこで揺るぎない基準創りを提案する。自然現象を正しく観察し、理解を深めることの努力をすると、自ずと真実が見えてくる。即ち、人のつくった論理に惑わされることなく、自然の観察から、自分の目で見て真偽のほどを確認することから始める。数学も天体の観測をして理論を組み立ててきた事実を歴史から認める。

安直な他人の口先をあてにしてはならない。真偽の基準は宇宙の観測にあり、過去の残した法則を照らし合わせて、自分で判断の基準を築く。そうしなければ、自分の社会への答えは一切出せない。厳しい勉強方法だが、簡単には生きられない地球である。周りに仲間がいて、何不自由なく暮らしているから、不自由だとは感じず、目先の利しか見えないアニマル的人間像を自らつくり上げている。目の前に不幸が来ない限り他人ごとであり、騒がない方が一番の得策である、と。

いつまで続くか分からぬ人生だが、用のない物や者はいらないのは間違いのない事実で、そのようなものはごみとして処分すべきである。世の中は生産と消費で釣り合っている。生産が溢れているうちはあまり問題はないが、消費が生産より多くなると、深刻化する。社会は「人」、「物」、「金」であり、「金」は最後に書いてある。一番は「人」であり、人の重要性を物語っている。

残念ながら、「金」は一番でなく、「人」・「物」に従属している。「金」が一番と思っている内は、何が世の中で大事なものかを見逃してしまうのだ。真偽の基準を自ら捉えない限り、世の中を判断できない事実を目の当たりにしてしまう。

10

人が幸せを噛み締めるために必要なものは、感情の中に生きている動物的感覚である。しかも、不幸の経験が過去にあって、初めて幸福を感じ取る。飢餓状態を経験すると、食うための競争に負けないように努力する。動物的感覚では、飢餓状態は不満を蓄積し他人との比較の中で、益々不幸を感じ取る。即ち、「性・食」の動物的不満が不幸を感じ取る。不幸の基準は、動物としての人間が本能的に「性」を妨げている異性の欠如、生存を危うくする飢餓、これらをどうしても満足させない限り、幸福は来ない。幸福とは「生きられる」状態と解釈できる。人の欲望は限りなく続き、満足するまで努力する。幸せの基準は動物的感覚である「性・食」の不満にある。人は生きていて、自分の幸せを求めて生きてゆくものと信じている。そうして、「性・食」を満足させる努力を、文化を糧として、人間は生きる。

現在の文化は過去の産物であり、学び取ることにより、人は生きる望みを得る。漠然とした努力は無駄ではないが、的を射ていないと、後になってから分かるものである。常に周りばかり気に掛けて、他人との比較の中で良否を判断した結果、不幸を味わう。他人との比較の中で幸・不幸を判断するのでなく、自己の欲求の中で、幸・不幸を判断する。幸・不幸の判断の基準は自己の欲求の満足度に掛かっている。

11

幸せを獲得するために、学術・芸術・スポーツ等は欠かせない。文化的に生きることを学んだら、益々、人間らしく生きられる。この世は努力の報いが幸せに繋がり、

慕情

身体の健康を主眼に置く。不幸は身体の病気・怪我がもたらす。身体の健康を管理する努力は欠かせない重要因子である。

後に戻れない人生なので、失敗しないように正解が確定してから、行動に移すことを主張する。他人がつくったものは、つくった人がよく知っており、何も知らずに行動に移すのは危険極まりない。この世は人間関係もシークレットであり、電気設備を司る者が扱う諸設備も、なかなか情報収集が困難である。

人と人はフェアな関係を望むため、情報に関しても、お互いに情報交換を望んでいる。一方通行では非常に困るのである。

情報を金で買うという場合、一般に本を買うという手段が多い。特殊な個人の研究の成果は金で取り引きされるものではないから、動物的関係で授業が行われる。オリジナルの情報には、値段がつきにくいからである。例えば、皮膚の神経の伝播速度はどれくらいか研究した時、その結果次第では医学の分野に衝撃を与える。人の身体に電気理論を適用すること自体、一般的に通用しない。

しかしながら、専門医に癌と診断されたら、人生破滅と受け止めるだろう。そこで対抗して、別の方法で生命を延ばすのだ。

患者は延命するため、安心して過ごせる方を選ぶ。医学は歴史が古いので、信頼が厚く、なかなか新しい方法には飛びつかない。いよいよ、生命が危うくなったところで、試す時がくる。患者の弱った身体の原因の究明を探り、科学的見地に則り、日々の生活の仕方に分析と原因究明と対応を図る。原因とは生活習慣にあり、病気の発覚はその結果である。どうしても生活習慣の改善が図られない場合、科学的理論を習得して貰い、理解して改善するよう促進する。理解しない限り改善は長続きしない。病気を知って、健康を知るのであるが、致命傷になった場合は、既に遅く、自前の知識が重要となる。

ここで基準となる理論は自然科学であり、動物的欲望の野放しではない。人間は動物とは違い、知識を集積して、動物ではできない欲望を抑制することができる。もし生命を延ばしたいならば、理論は正しい方向へ向かい、病気は改善する。

用もないのに汗をかくのはなかなか難しいものである。しかしながら、体質改善を目的に、諦めない持続的改善のためのトレーニングに耐えるには、納得のいく自然現象の基準が最も信頼をおける。風潮に惑わされていては、自己の生命は守りにくい。

人は生き抜いて、次世代に繋ぐ。そこに努力を伴うのは間違いのない態度である。人間のエネルギーを浪費しては、自己の目的など達成できない。過去の偉人の成果を学ぶことで、自己の文化を形成し、余裕ある人生を送ってこそ、将来の文化を持った人となる。

電気を学んだ者にとっては、電気理論が一番納得のいく方法を導いてくれる。学問は机上の理論に留まることなく、社会一般に応用されてこそ、人間のための価値を得る。学術文化は単なる教養でなく、人間に生かされてこそ、生きた文化となるのである。

文化を、さらに高度な文化に進めるのは、人をもっと人間らしくする手段でもある。脳にこれらのソフトウエアを組み入れることで、一歩前進した自己になる。人は学ぶことにより、人の行動まで影響を及ぼす力を得る。従って、正しい知識を学ぶことは重要である。個人個人は各々、自分に足りないものを求めて行動している。誰も全て満ち足りているわけではない。即ち、求めるのは、人それぞれであり、例え同じであっても目的には相違がある。自己の目的を達成するのに、必要な知識を吸収しなければならない。自分で解法し、勉強して、知識を蓄積する。必要な知識は何処にでもあるものではない。頼りは自分の行動になる。行動の原動力は不満にあり、不満を解消するために、行動する。循環しているが、同じところに戻ってきている訳でなく、努力した分だけ価値が上乗せされて進歩している。

12

身の回りを社会として考えてみよう。一般的に異常な社会に入った経験があると、普通の社会が異様に見える。どちらが異常か正常か、判断は難しい。それは基準がないからである。何をもって異常とするかは、基準を明確に示すことが必要である。医者の個人的見解で白黒をつけていたならば、ただの病名をつける名づけ医者である。

架空の病名をつくって患者を戸惑わせる。特に精神科には何処がおかしいですかと聞きたいくらいである。

不幸を知らずに幸せは分からない。両方知って初めて分かる。同様に異常を知らずに正常は分からない。両方を知って初めて分かることである。常に頭は比較の中で判断しているからである。

言葉尻での善悪の判断は確かではない。言葉は人と人との間の情報交換であり、内容の真偽は別問題である。人の話す内容は自然の法則とは無関係であると、殆ど無視している。要は、物理は物理であって、論外の理論としてしか見ていないのである。しかも、物理の法則すら知ってはいないのであるから、よくよく考えると言葉は伝達手段としては、かなり不完全なものと考えられる。全て言葉で表現することは不可能である。

13

いつの時代も文明の利器があり、乗り遅れれば時代遅れとなり得る。文明の利器は特に物の世界であるから、大した知識など、要らない。日本の開化の際、種子島に鉄砲を持ってきたのと、変わりない。文明とは新しい物さえあれば、済むのである。

コンピューターが普及し、金で買えば何とか使える時代ではなくなってきた。ITの知識がないとコンピューターは扱えないのである。車についても運転技術を必要とする。物質文明も何かと知識が必要で、技術は時代と共に発展し、金はあってもなくても困るのである。物理の原理を知らずしては、タッチパネル操作に苦労する。現在のように何処でも鮮明な画像が人を案内し、至れり尽くせりの世界になった。しかも、それほど、時代は経っていないから、一般人が戸惑うのも無理からぬことである。

テクノロジーは経済効果も便乗するため、進歩は絶えない。例え乗り遅れても、テクノロジーの世界を理解すれば、さほど気に留めることもなくなる。物質文明の奥行きは浅く、あっても、なくても日常生活には用の足りる物も多いのである。

今、履いている靴も物質文明の賜物である。しかし、ただの賜物ではない。人の衣類等は飛躍的な脳の発展に貢献している。同じ物質文明でも「衣」に関しては人の脳に影響するものもあり、身体のための文明の利器となり得る。

さらに、文化向上のため、知識を増殖するのに、全てをオープンにする必要に駆られてきた。何も知らずに何もできず、何も道具を与えずでは何も作れない。自明の理である。ピアノ１台あっただけで、音楽家にもなれるのである。物理の実験を通して、物理の法則を身につける。ただ景色を見ていただけでは、なかなか力学も理解できない。物の世界を知るにはそれなりの道具が揃っていることが重要である。

学問の機会均等を考えると、男女の区別もなくなる。全て、オープンの学習を可能にするだけである。人を育てるには、人と人との差をつけることは許されない。道具があるのとないのとでは、できるものもできなくなるのであるから。

14

耳学問は想像力を磨くが、やはり物の世界は目からの情報が圧倒的に支配する。

学習するにはテンションの上がる場所を選ぶ。静かな自宅では眠くなるばかりである。いろいろと外では不自由なところもあり、何でも揃っているわけでもないが、テンション上昇で脳は活発に働き、目標を達成することが可能となる。外は人との出会いがあり、人々との相乗効果で、脳は活発になる。

経験済みの人は多いと思うが、大勢の前では余り眠くなくなるものである。頑張れる理由として、少なからず他人から愛を感じとることがあるからである。そこには人間である動物の満たされる場面があると実感しているのである。

仕事が長続きする理由は、他人のためになることが嬉しいからである。他人のためには何となく頑張れる性格の持ち主である。他人が喜ぶと自分も嬉しく思う性格であるが、その人間関係なくして働くことができない。もし、全てオープンに知識を広め、さらに道具も揃えたならば、全ての人が同じように、技量が磨かれるかは、未だ何とも結果は未定である。この先10年ほど観察しないと結論は出せない。

15

蒸気機関車以来、石炭・石油・ガスを世界中が使い、過剰な消費が地球を温暖化してしまった。日夜、ガソリン自動車が走り回り、道路上が「火の車」である。内燃機関だから火は見えないだけでエンジンは高熱を出している。ここで、脱炭素問題を解決すべく、あらゆる方法を検討しなければいけない。従って、身体の健康と脱炭素問題を関連づけて実行していかなければならない。脱炭素を考えると、やたらと、無闇に車にも乗れないものである。

また、身体の働き方も電気との関連づけも知らないでは、実行不可能である。即ち、身体の健康を目指すのなら、電気理論を少なからず理解しなければ、納得する生活を営めない。他人に言われて行動していても、自分が実際には何をしているか、確認のしようがないのである。男女を問わず、老若抜きに電気の理論を勉強すれば、生きられる人も死んでしまう昨今であっても、安心して暮らしていけるはずである。

というのは、脱炭素となると、車で出かけるところを自力で歩いて行かなければならない。それには、身体が動かなければ不可能である。身体の健康は、食べ物から考え直さないといけない。米中心の食生活は血糖値が上昇するためか、糖尿病を発症してしまい、多尿等合併症化してしまう始末である。「食」は大事な要素であるが、人間として文化的に生きるには、寝食を忘れ、学問・芸術に目覚めるべきである。

現在、人間が動物より遥かに裕福なのは、文化を持っているからである。文化に目覚める前に「食・性」を軽々と与えられ、余裕と考えて文化人らしく振る舞っていても、礎がなければ、いずれ崩壊してしまう。そのうえ、車という文明の利器があるから、大して汗もかかずに、遠方まで足を延ばせる訳である。

しかし、ここで浮上するのが、若者が取り組んだとしても10年・20年先まで、下手をすれば、一生の問題となりそうな、石油問題である。嫌が応でも、身体を動かして移動し、物も自力で運ぶ覚悟をしなければならない。大げさな言い方かも知れないが、石油の力は人の力でないのは間違いのない話である。文明の遅れた国を笑ってはいけないのは自明である。何でもある国の方が恥ずかしい話である。老化した身体では走ることも歩くこともできなくなる。老化とは酸化であり、消費そのものである。

言い方は悪いが、年を取るとは老化というしかない。年齢の比較の中で、老若を決め差別的対応をしているのでは、先が見えている。年を取ることは、ただ無駄飯を食っていたわけではなく、いつか今までに成した経験が役立つ時が来ると、更なる活躍の場を模索している。一挙に経験するなど不可能である。技能一つ取っても、例えば配線作業に使う圧着工具一つ取っても、長年の経験がものをいう。

16

電気の理論を知らずして、身体のことは分からない。このことはごく最近到達した理論である。電気工学は照明を点けたり、モーターを回したり、家庭では扇風機やエアコンの動力源にして、このような電気製品のことばかりできるように、勉強して金を稼ぐのが、電気屋とばかり考えてきた。

しかし、人間の身体も生きている限り、電気的作用で動いていると究明した。生活習慣病も電気的に究明可能であり、酸化・還元だけをとっても、身体の健康を維持するのに有効である。化学的な内容についても、もっと早く学んでいたら勉強意欲も湧いたのにと、教育の未成熟を痛感する。健康に役に立つ化学と聞いたら、見方も変わり、勉強する理由を芽生えさせ、将来が明るくなるのである。

学校教育は無駄ではないと、そして将来を見据えさせないと、勉強は意欲的にしないものである。目標を示して勉強すれば、毎日の積み重ねで目標を達成できると確信できる。

17

文化は人々をあらゆる面で豊かにする目的をもってい

書　名				
お買上 書　店	都道 府県　　　　市区 郡	書店名	書店	
		ご購入日	年　月　日	

本書をどこでお知りになりましたか?

1.書店店頭　2.知人にすすめられて　3.インターネット(サイト名　　)

4.DMハガキ　5.広告、記事を見て(新聞、雑誌名　　)

上の質問に関連して、ご購入の決め手となったのは?

1.タイトル　2.著者　3.内容　4.カバーデザイン　5.帯

その他ご自由にお書きください。

(　　)

本書についてのご意見、ご感想をお聞かせください。

①内容について

②カバー、タイトル、帯について

弊社Webサイトからもご意見、ご感想をお寄せいただけます。

ご協力ありがとうございました。

※お寄せいただいたご意見、ご感想は新聞広告等で匿名にて使わせていただくことがあります。

※お客様の個人情報は、小社からの連絡のみに使用します。社外に提供することは一切ありません。

■書籍のご注文は、お近くの書店または、ブックサービス(0120-29-9625)、セブンネットショッピング(http://7net.omni7.jp/)にお申し込み下さい。

郵便はがき

料金受取人払郵便

新宿局承認

7553

差出有効期間
2024年1月
31日まで
(切手不要)

160-8791

141

東京都新宿区新宿1－10－1

(株)文芸社

愛読者カード係 行

ふりがな お名前			明治 大正 昭和 平成 年生 歳
ふりがな ご住所	□□□-□□□□		性別 男・女
お電話 番 号	(書籍ご注文の際に必要です)	ご職業	
E-mail			

ご購読雑誌(複数可)	ご購読新聞 新聞

最近読んでおもしろかった本や今後、とりあげてほしいテーマをお教えください。

ご自分の研究成果や経験、お考え等を出版してみたいというお気持ちはありますか。

ある　　ない　　内容・テーマ(　　　　　　　　　　　　　)

現在完成した作品をお持ちですか。

ある　　ない　　ジャンル・原稿量(　　　　　　　　　　　　　)

る。しかし、人は人間以外の動物に対して「これは下等な生き物である」というような独特の感情を抱く。人と人との間でこうした感情を抱くのは差別であり、何かと平等に扱われない負の文化がある。

様々な意味で文化はメリットとデメリットがあるから、表向きとは違う暗い面も文化には在ることを見ておく必要がある。ある時は、デメリットを味わうこともある。

悲観と世間の冷酷さを味わい、人間嫌いに落ち込むこともある。弱点は誰もが表に見せたがらず、隠すものであるからである。隠しているうちは、良い面だけ表に出ていることとなり、全部見せたら、人の価値は半減どころか、下手をすると価値がなくなってしまう。それは、初めから大した価値しかなかったと考えられるからである。

文化の一面を社会の中で見ると、いかに秘密が多いか、手品の種明かしのように価値はなくなってしまうので、防御のため、守秘義務が発生するのである。社会的タブー視している「性」の秘密性は大した価値はないものの、その価値をなるべく高くしている。
「性」は「食」と同じく文化の類いに属さないのであるが、タブー視したら、価値観が変わってしまうのだ。しかも、「衣」の文化があり、隠された裸は益々高騰する。人類の創った「衣」の方に文化の価値の証が在るので、世の中は動物と違い、「性」に文化的価値を及ばせている。

18

脱炭素問題から「衣」の産業に於いても、デザインだけでなく、クリーニングなどのメンテナンスも考慮し、物理化学的に人体と熱の関係から素材が重要因子となる。さらに、電気的要素から電気絶縁をも考慮した素材開発も重要因子となる。一個行う作業はほんの一部ではあるから面白味はないが、全体像をオープン化すれば、労働意欲は湧いてくると確信する。それは、学校教育の学問の応用を先に伝えるのによく似た話であり、重要な時代の発展の鍵でもあるのだ。

先に教育の行き先、即ち、生活への応用・使い道を提示すると、意気込みが違ってくる。今までの指導は企業のルールに従って学校選抜をしてきた実績がある。要は給与に結びつくものでなければ、勉強という努力はしたくないのである。

馬ではないけれど、目の前に人参ぶら下げられて、無限に頑張っただけである。そのような理由で、学校を卒業したと同時に勉強のことは全て忘れてしまうのだ。価値を認めさえしていれば、こんなお宝になる文化をなおざりにしなかったのに、と気づいた時、反省するに違いない。

将来に及ぶ幸・不幸に原因する情報・教育内容は前もって教えておくものである。過去を振り返ってみれば分かるように必要な時に記憶が甦ってくるものである。何故、簡単な事柄を秘密のように思える形にしているのか。そこには見えない圧力が掛かっている様子が分かる。人それぞれ職業があり、例え正しくてもできないことがあるからである。１つには冒険は社会的リスクがあり、危険を察知するので、一般人は覚悟して手を出さないのである。動物が火を恐れて近づかないのと同様である。理論が正しいからと言って、飛躍した行動をすると、社会との相対関係が違うので、痛い目に遭うのは、目に見えている。

また、噂も心に痛い負の効果を出している。ある意味では創意発揮は勇気も必要となる。身体は、毎日バイオリズムに従って動物と人間の間を行き来している。

とにかく、大人は両方を知った上で行動する。不幸も知らずに、全ての人々を幸せにするなどと言っても、空論である。金に関しても、貧富の両方を知って、初めて金銭感覚をものにする。人はないものを欲しがって生きてゆくのであるが、全部揃うことは現実にはない。目標に掲げる理想的生き方の中に、創意が入ると初めてオリジナル的感覚での生活が始まる。横並びの普通の平凡を望む人には適さないが、宇宙の中では、オリジナルであってこそ本来の姿である。宇宙は刻々と変化して、人間も同じく変化する中で生きてゆく動物である。

一方、人間以外の動物は果たしてどこまで変化しているか分からないが。宇宙は常に創世期で人間も動物も植物も一緒に時々刻々と変化している。

19

一生不満を持つのが人間なのか、考えれば考えるほど、悩みが深くなる。しかしながら、考えられる自分になったことを悔やんではいけない。しかも、相対的に他人を見た時、悩みの差を感じてしょうがないほどに思想する。世は職業選択の自由を認めながら、実際は不可能なのである。おとぼけ社会構造を受け止めて、矛盾すら見出せなかった、今日この頃である。

人の抜けのあるところが分かる瞬間に、誰も知らない世界があった。都会には国家間の問題まで抱えて、お互いの利益の中に生きている人もいる。表面的には普通に仕事をしているように見えるが、さすが、都心の野望と頭脳戦争は24時間絶え間ない。田舎から都心に進出しただけあって、表に出ない圧力を掛けている感触がある。

人の生きる原則を知っていれば、信の力は自ずと表面化する。信の力とは、鍛えられた後に得られた実力である。流れる血流は血圧に比例し、血流は体温を上げ、汗を放出し皮膚は蒸発皿のように温められ、自分の身体を冷やす。汗をかいてする仕事は、誰のための仕事か、物理的にもはっきりと表面に現れている。金を持っている人のために働いたのであり、自らの身体は「食」の次は「異性」を求めている。欲は何処までも湧き出て、遠慮などして綺麗に振る舞っていたら何も得られず、身体との矛盾で苦しんで、今日を締めくくる。

20

ここで基準をどこに置いたら全ての人々を幸福にできるか考えなければ、ただの自己犠牲だけの美学となる。

仲間に馴れない不自由な身体が社会にあり、孤独が表面化した。即ち、具体例として、糖尿病という害ある不満が、常に鬱積していて不満の壁を周りにつくる。同類の存在を知って、自分だけが不幸なのではなく、仲間がいたことで安堵を感じ、明日の幸せに心的に繋げていく。不幸の原因は正しく生活習慣病といわれるカロリーの取り過ぎであった。病が醜い心理を創り出し、不幸の心理的犠牲者をつくった。病は自己責任のようにも捉えることもできるが、一方、甘いささやきの医師も、経済効果もあって反映していた。原因の原因である医師の姿をここで想像する。

もし医師も同類の病の持ち主であって不幸な毎日の暮らしをしていた人ならば、周りに不幸な病の人をつくり出すことになる。不幸な人の心理は他人の幸せが羨ましいのである。妬ましい心を抱くと醜く見えるから、妬ましい心の持ち主は犠牲者を次々とつくり出す。他人の健康にも自分の健康にも関心を持ち、病にかかると、幸せの一時でさえなくなるのだ。

21

全貌を隠せない、個人経営の醜さが目の当たりに見える。反対にトップダウン式の経営陣の傘下でのサラリーマンは金回りが良いと、羨望の眼差しを向けられ、むしろ敵対心をも持たれる。個人経営は苦労して稼いでいるのに、サラリーマンは決まった金が入ってくると。個人の経営者からは、サラリーマンは楽をしているかのように見える。個人経営は時間に縛られることもなく、命令されることもないと、サラリーマンからはかなり自由であると見られているのに。仕事は営業を自分ですることより、サラリーマンではない苦労をしているのが窺える。

振り返れば、休日は決まって自由であり、身体さえ丈夫であったら、申し分のない人生であると、つくづく思う。団体の会社は、素直に従ってさえいれば、事無きを得る。

ところが、社会情勢が変化すると、今までなかったことを経験し、背筋が寒い時や違和感を感じ取る。法律を変えていく根拠はいかにして一般に伝えているのか、それとも１回でも広報をした実績さえあれば、一般に伝わろうが、伝わらなかろうがお構いなし関係者だけ了解しているのは間違いない。どの分野でも広報の部分をサービスとして表に出さなくてはならないのが重要なテーマである。芸人の種明かしのように、ネタがばれたら舞い上がれなくなる。次の新ネタを考えるには時間がかかる。芸人が芸を安く見せないのは、自分を守るためである。然らば自らの言動を反省してみると、考えていた科学の知識を易々と見せてはいけないと、理解した今日この頃である。

22

既に、大事なことを安売りしたのは反省し、また苦労をして思考を続行してゆく。

宇宙の問題は地球を含め数え切れないほどあり、よくよく観察すると難しくなり手が出せなくなる。我慢できる個人的問題であれば諦めてしまえばいいのであるが、仕事上の難問題は簡単にはいかない。双方に利害があり、間違うと取り返しがつかないからである。ややもすると、命すらなくす運命となる。世の中は人が人を裁くことができる仕組みをつくってあるからである。

一般に正しいと思われる前例に従った法を守って生きている。他人との取引を可能にするのに、金を積む方法が取られるが、需要と供給の原理で、一旦売ったお客様の不動産を必要だからと言って買おうものなら、足元を見られて高値を吹っかけられてしまうのである。取引はあくまで、現実的に条件を取り揃えておかねば門前払いになる。

今の社会は野獣の世界の割には暴力などなく、納得のいく取引まで成立する。即ち、お互いの利益があって、また将来にわたって、利益の見込みを計って成立する。取引は念入りな事前調査が必要であり、ただ、金を出せばいいというものではない。将来をも見据えた見解の元に、即ち、基準を定めて正義を貫く真面目な双方の取引である。そこには、人の首を縦に振らせる身体の条件がある。双方の利益・基準・身体の三位一体条件を取り揃えて段取りとする。

人と人との繋がりには動物的感覚である情がなくてはならない。繋がりを大事にしないで、他人の物を奪うと憎しみが残るからである。ないものは誰でも欲しいのであるが、あっても、あっても貪欲が存在し、平等を妨げて理想から遠ざけてゆく社会である。従って、基準は一定ではなく、変化してしまう。絶対は存在せず、その時その場所で基準を決めなければ善悪の区別はつかない。

規則は他人がつくったもので、時代と共に変わり、以前はこのような形で良かったが、今の基準は違っていたことを知った瞬間、時代遅れと判断されてしまう。歴史から窺えるように、昔の仕草は現代から見れば馬鹿にできる格好であり、古い風習を今でも信じ、実行している姿はいじらしいと思われる。しかしながら、ただの風習で今昔の違いだけで、差別の対象にはもってこいの馬鹿馬鹿しい知識である。

芸人のネタがばれたら、芸の価値がなくなるのと同じく、現代風の決まり事が、ばれたら老若の違いがなくなり、馬鹿馬鹿しい問題となる。また、差をつけていたネタがなくなって、人と人との価値の違いが小さくなってしまうのだ。要は、秘密はばれないうちが華なのである。絶対的価値は最初からなかったことなので、これからは、真の価値観へと変わらなければいけない時が来たのである。

23

物理の世界では、電圧は電位と電位の差であり、基準は相対的な差で電圧を維持している。そのように考えると、社会の基準は歴史の流れの中の１点であり、日々変化しているものである。過去の基準と現在の基準では大きな隔たりがあり、合わないのが当然の理である。

今、世間と同じように振る舞うには、新しい情報を掴むのが賢明である。今昔、矛盾あって然り、矛盾している理由を理解していれば騒ぐ必要はないのである。全て同じにしようとするところに無理がある。過去の文化はそれなりの成果を出して、今日に到っている。社会的に困ることが発生したため、変更を余儀なくされたのだ。

「食」で言えばビフテキは高嶺の花であったが、価値観の違いが発生し、ビフテキの味はいいが、肉の遺伝子が後になって性格に影響し、滅亡の一途を辿る羽目になることを予測したら、とても食う気はしなくなるものである。

同様のことが「性」に関しても言える。まだ研究段階であるので批判は留めるが、早熟による寿命の変化は免れないことは、間違いのない事実である。
「食」の材である肉は、食べることにより身体の肉同士が短距離になり、逆２乗の法則により、かなり強烈に影響しあうのである。文化の豊かさの恩恵で、努力もなしに「食・性」の満ちた生活を送っていては、本能的魅力がなくなって当然である。満たされない本能の欲求に文化の発祥の源があったのに、脳が「不満足」を知らないので、「満足」の価値が薄れてしまっているのである。物欲の世界は時代と共に変わり、ないものを欲しがるのは子供と同様である。

今までの矛盾は、女性の理系の働きが殆どない点にある。男性に依存している限り社会は未だ解決しない人間関係を築いている。独立していない人間の集団は本質的に弱体であるが故に、競争が激化する社会では、重要な知識即ち女性の弱点は隠ぺい化される。そして、芸人のマル秘情報のようにネタばれを恐れ、いつまでも隠し通す。そこで、世の中の分析を試みてみた。

製造の大きな枠組で、「衣」に関して、歴史がこんなに長く続いても「衣」の歴史の中では、常にオリジナル作品を次々と創出している。そして、現代も脱石油の目的に従って、デザイン・材質を新たに創出しなくては対応できない時となった。

身体の理解から「衣」は作り変えられなければならな

い。女性進出が可能になるように男の裸体も研究の対象に組み入れるようにすると、いずれ何でもできる人間になると確信する。

全て科学的に考え直さないと、生きられる者も生きられない不幸な世界になり得る。最初は文書で、次にイラスト入りで、最後に写真つきで効果を発揮する。女性も「異性」に興味ある時期に教材を与える。そして、結果は10年先となるのだが。男の技術職にいる人も物静かな人ほど、現場ではよく働き、できない人に限って、何故か騒々しいのである。

「住」に関しては、物理の法則を全て応用に生かし、生活の糧にする。即ち、断熱は自明の理であって、今まで野放しにしてきたが、是非効果を発揮すべきである。家は一生に１軒建てれば御の字であって、必要に駆られローンで建てる。借金嫌いは会社を終わった時点まで延長となる。専門化が進んだため、建築家でなければ、建物を建てられないと脳にインプットされている。それほど、業者任せなのだ。

専門業者は巨額の金を手に入れる。「住」は大事な「生活」の要素であり、財をも蓄積できる宝庫となる。財は無形文化ではなく、形ある宝を保管する手段ともなる。入れ物がなくては、財は蓄積しない。余裕もなくその日暮らしもままならぬこととなる。

「住」の基準はエアコンから類推して家の熱効率上昇のため、熱に関するオームの法則を適用する。鉄筋コンクリートの建屋であれば、電磁波の遮断を可能にする。電磁波の中にはエネルギーもあり、命にも関わる。「住」は研究室にもなり、文化向上に申し分なく能力を発揮する場所ともなる。自由な空間をもって、無駄に過ごすことのないよう過去を反省し、現在を有効に活用できるありがたさを真摯に受け止めている。

24

話は変わるが、居酒屋で飲む焼酎と家（自宅）で安上がりに飲む焼酎を比較すると、家で飲むのは味が劣り、安い居酒屋で飲む方が旨いと感じる。居酒屋に行っている時と自宅にいる時とでは身体のテンションの違いから、焼酎の味が変わってしまうからである。

同様に頭の脳の働きもテンションが上昇することによって力を発揮する。家ではできないが、場所が変わると頭が働きだすのである。テンションの上げ方を知った今では、外で文章を書く。さらに他人がいると異様に身体が働きだす。なごやかに会話が弾んでいたら、書く動作はできない。いろいろな能力の引き出し方をすると、今までできなかったことまで可能にしてしまう。頭の電位上昇の状態は、脳がフル回転してゆくものと分かる。その時の食べる量は少なめであるが、創意は現実に具体化するまで粘り強く続けられ、フィードバックとしての努力の成果であって、さらに調子、即ち、テンションは上がる。店の雰囲気でも高揚はするが、食事によってはテンションが逆に下がってしまう危険がある。創意捻出のためには、食物は少なめで、血糖値を上昇させない我慢強さが必要である。リラックスしないところが創意工夫の源である。

一種の科学的方法論であり、我慢を伴う努力である。血糖値を抑える、いわゆる省エネルギー状態での頭の使い方であり、動物から人間への多少の脱却でもある。身体の科学的分析により、能力を開発し日常に生かしていく。原点はあなた自身であり、あなたの行動に全て掛かっている。

難しいことは何もない、急がず1つずつ積み上げる毎日に、1か月、1年過ぎた後、変化に驚くに違いない。今までの学習効果も使えるようになり、復習する機会もありうる。全て無駄ではなかったと、振り返るに違いない。用のある時に用のある事柄は思い浮かぶものである。科学の鉄則である「科学は記録から」という一言さえ守れば、科学者になれる。

25

文化的に暮らすには、それほど道具は要らないので、最低ペンと紙があればいい。後は自分の頭、これだけあれば立派な文化人となれる。

「食」が最後になり、庭に野菜の種を蒔く。スーパーで買う野菜より、立派ではないが、新鮮さだけは自慢できる。野菜はアルカリ性であり、身体のアルカリ化を促進する。若くいられる条件が揃う理由である。

身体がアルカリ化すると、脳の活動は活発になり、動脈はよく流れるようになる。静脈もよく流れ、結果的に全身が活発になる。健康そのものとなり、仕事も十分こなせるようになる。身体のことだけでも理解して、観察して生活をしたならば、先行きの不安など一切なくなる。頭のことを考えただけで、種々の問題が解決するとは思いも及ばないとつくづく感心する。

さらに、昨日と今日は少し違い、進歩という名の前進があり、１ヶ月、１年経過すると、その飛躍ぶりに感銘する。文化の先端を走る創意だけの人間となり、物も持たず健やかさだけは確保して多少の欲を出して、協調を図る。面白おかしく協調して過ごしていけば苦労は減る。

しかし、世情に逆らって厳しい場面に出合った時、誰も正解を他人の圧制で変えられてはならない。自己批判はいいが、他人からの誤解による変化が、後々、悪い方向へと人々を推進する。どうにもならぬ権威者の誤りは抽象的に世に流れている。誤りは誤りであり、損害を残したままである。

動物的感覚から、人間的感覚へ乗り上げた時、事態はようやく収束する。収束するのは原因がはっきりした証があったからである。

動物的感覚とは、「食・性」から派生した感覚であり、人間的感覚とは文化的感覚にほかならぬ。あなたはどちらの感覚に属して世を渡ってゆくか、今後の課題は山積である。軽くあしらった学習のつけは、今以って大きいのだ。

文化的に生きるとは何か、外を歩いているのは動物か、あるいは人間か。そして、あなたはどちらか、いまさら他人には話せない恥ずかしい問題である。お互いに行動は見られ、言動は文化レベルを発表しているのだ。時代は進歩しない限り滅亡してしまうから、「技術」の進歩も「衣・住」も合理的に、また、美しく変わってゆく。全てこれらを自分のものにするには、「金」の文化を維持しつつ、尚且つ、誰も金を稼ぐ動物ではなく、人間にならなくてはならないのである。文化の向上とは、動物からの脱却と人間としての文化の発展の寄与にある。文化の１コマでもバージョンアップできるなら、立派な奉仕となり、尊敬に値する。

26

動物の世界は、野獣を見ると恐ろしいと感じる。特に肉食動物なら、食い殺されてしまう恐れがあるからである。文化を持っている人間は、動物の本能を持ち合わせているが、同時に人間であることを忘れてはいない。教育を受け、人間として振る舞いつつ、異性間では動物としての本能を丸出しにする。

子供・成人・老人は皆、食べなくてはいけないから「食欲」はオープンであるが、「性欲」に関してはクローズである。見せない・見えない関係が人間同士の争いの元をつくっている。男女は仲がいいが、同性では物理と同じく反発してしまうからである。基本的に反発する性質であるから、有史以来、争いがなくならないのは当然の話である。

しかしながら、争いは動物的感覚から抜け出していない証でもあり、人間として文化を持っているならば、普遍的価値を持ち、万民共通の文化を持つことを広め、動物的争いを避けなければならない。一口に言って文化とは余裕であり動物的欲に支配されない状態であり、広く幸せを願って普遍的価値ある理論を実践する。

27

目から入る情報には、他人には言えない醜い知恵があり、野生のようにこの町の中を生き抜く力がある。非正当化を形づくった知恵であり、自らの信じた真理を貫く。今まで信じていた真理に疑惑を感触した時、時代は「信」の価値を求め出す。

非正当派が見せない部分をオープン化して、文化の正当化を主張する。即、結果が表れる訳ではないので、正否の判定が難しい。

しかしながら、望みは叶えられないものである。何故なら、禁止している事項であり、何故か現代でも文化が遅れているとしか言えない、下らぬ事柄だからである。

もし全てオープンにしたら、女性の技術は向上する。そう判断すると、今までの風習は誤っていると言わざるを得ない。画を描く技術は最終的にデザインからライフラインへの応用へと繋がり、男性との距離を接近させる。工業系に弱いのは、見せないものがあるからである。何故ならば、男と女の比較から、推理できるからである。

能力を伸ばすには、興味ある時期に興味ある物を見る。見る目を育てるには時期を逃してはいけない。

そこで教育者は、補って手助けして伸ばして上げる側にいなければならない。絵画の勉強がどうして先々「物づくり」に結びつくかを示さなければ、納得いかないと察する。

男性の例で言えば、興味ある時期に面白半分ではなく、むしろ真剣に女性の裸体を見た経験があるからである。従って、女性でも同様のことが言えるのではないかと、類推できるのである。見る目を養うのに性欲を使っている訳である。ここで、女性は見るものがないので、見る目を育てることを不可能にしていると考えられるからである。

現在では設計にCADというコンピューターソフトを使っているが、そこに辿り着くまでにスタートを切っても早くて、３年、実が結ぶまでに10年を要する。まだ、行き渡っていない裏話であるから、浸透するまでだけでも、今日明日という訳にはいかない。

28

一番手は何をしても異端者扱いされるため、実力がつき、対等から主導権を奪うまで、今の正しい方法にならない。殆どが誤っても、大勢で善悪を決定するからである。最初は１人で、少数派のためにつらいが、物づくりを通じて、社会に混合してゆく方法しかない。タブー視されている部分の欠点を密かに検証すると、女性の弱さをつくっていた原因が、露見されてきた。

女性が男と同じようにメカニックにも強くなれるには、デザインからイメージづくりを鍛えなければ達成できるものではない。画家は絵画だけに留まっていたから、ライフラインである設計・施工には無頓着である。もう一歩進んで、生活にも役立つ物づくりまで到達したならば、自ずと裕福になっていた筈である。

イメージする能力を発揮するには、電気的に頭のテンションが上がっている状態をつくることが条件である。それには性的な興奮が最適である。今までの男の方からの経験上、性的興奮によって目が覚め、イメージづくりが可能となってきたからである。

一方、同様に芸術である音楽には、耳から入る情報は想像力で、頭はイメージを浮かべることができる。しかしながら、目からのイメージの方が、遥かにイメージを脳裏に残す。刺激は強い方が純粋な人には効果的である。

人間が刺激に馴れてしまっているので、少々の刺激では反応しないのである。外出すれば、派手やかさで勝負しないと、獲物を捕らえることは難しい世の中となっている。強烈なイメージづくりは目からである。

29

優劣を左右する人の電位（ポテンシャル）は、他人との比較で変化する。動物ですら、優位と思っていれば優位である。他人と自己との比較は自己の比較の尺度にある。優れていると本人が判断していると、血流は良く流れ、対人関係の中で退くことはない。畜生の前では人間が優位なのは文明・文化の面で他の動物より勝っていると信じているからである。

常に一歩譲って前に出ようとしない人は控えめな態度である。日本特有の文化を受け継いで、いつも上には上がれない遺伝的要素を含む。価値観が違う判断であると知りながら、融通が利かないで這い上がれないでいる。酸・塩基・塩のようにpHの違う点は、pHは身体の生存に掛かっているが、他人と他人との比較は身体の健康とは無関係で疎外してもいいくらいである。pHと他人との優位性は物理的にも関係がある。而して、絶対的価値観も考え得ることもできる訳である。

対人関係では酸化物（注1）で調整する。頭の中の知識や地位はpHに影響するかどうかと言うと、答えは影響するのである。地位があるだけで、態度が優位になるのは、大勢の前でも地位ある人は優位であり、引き込むこともなく、身体は絶好調なのである。心臓の動きから良好（注２）で、親分という立場を揺るがせない。人間を主体とした場合、判断基準は確定的な価値観ということになる。違いが生じるのはどちらか考えが偏っている（注３）と考えられる。結果は絶対即ちアブソリュートであることが真である。自発的に動くことによって、自己の目的に向かうことができる。

身体の回復は眠っても可能だが、動いた方が早い。動きの中にいる人間が一番早いということになる。動かないで利を得ようとするのが世の常であるが、総合的に計算すると誤りである。汗をかいた重さ分くらいは、動いた人の勝ちということとなる。

口で言ったり紙に書いてたりしているうちは、理屈を捏ねているだけだが、良い案なら行動が伴った途端、すごい努力となる。それほど、具体的な動きの力は絶大である。

肩書社会を見据えている人は多いので、目の前の人の動きの方を重んずる。

（注１）対人関係で優位に立つには身体の pH の状態を調整する方法がある。ここでは具体的に言うと酸化物、例えばよく使う手段として、酸化物としてのアルコールである。そのアルコールが体内に入ると、脳の働きが鈍化する。他にも酸化物はあるが、甘い菓子類も同様である。
（注２）身体の臓器の代表格としての心臓の動きが好調である状態の時、成人男性の力強さを示す。
（注３）対人関係でお互いの考えが相違する理由として、信じているものが違うためである。

30

仕事の重要性や仕事ができるまでの教育と本人の勉強は欠かせないものである。サラリーマンにとって、仕事は会社で決まった時間内でなすべきと心得ているが、仕事とは何かと考えると、生活の基盤であると答えられる。決して誤りではない答えであるが、本能に照らし合わせると、見方が変わってくる。

本能とは「食・性」に根差すものであり、仕事とは「食・性」に根差しているものである。但し、サラリーマンであれば、会社で仕事をして給料というお金を貰って、その金で生活するパターンをつくり上げている。言い方を変えれば、本能は金を介しての成立である。
「性」に関しては、人間であるから巣としての「住」が必要である。「食・性」を満たすべく、準備段階としての仕事をして、「金」を稼ぐことや、勉強に励むことは、本筋からいって楽しいものである。勉強も仕事と同じく、新しいものを覚えるのは辛いが、本来は楽しいものである。

仕事、勉強が楽しいものと自覚したら、毎日の過ごし方が一段階上がった日々を迎えると考えられる。1つバージョンアップした訳である。

時間に制限があるから、そうは簡単にできないと思われるが、ここで、寿命を延ばすことを考慮したら、落ち着いて努力することができる。即ち、寿命を延ばすには「食」を減らすことにある。余計なエネルギー摂取は身体の負担になるからである。
「性」に関しても老化の一途であるので、身体を消耗させないように、「食・性」を自分の頭で制御し、寿命を延ばす工夫をするのである。そして、仕事、勉強に励む時間を確保する。落ち着けば、仕事、勉強に励む時間を確保する。落ち着けば、落ち着くほど、かえって、早くできるものである。

但し、目的は本来の本能を目指しているのであるから間接的に「食・性」を求めていることに外ならない。従って、一歩ずつ前に進んでいるのである。行っている仕事は大変であり、勉強はつまらないと感じるが、その内に楽しいものと実感する時が来る。

31

汗をかくのが嫌なのは、身体の汗が気持ち悪いからである。その気持ち悪い記憶が動きを悪くしている。一方、食べることは美味である記憶から、快感原則より、真実(注4)に飛びつく。

ところが、最初の汗には良い点がある。汗は身体を還元しているので、特に腎臓の働きを還元しているのだ。

一方、現代の人は食べることによる塩分の取り過ぎにより腎臓を悪くしている。これらのことを踏まえたら、食べることを欲したら、汗をかくことを忘れてはならない。片方の快感だけ欲しがっても、その内に身体は老化してしまうだけなのである。仕事やスポーツで汗をかくと、身体は疲労して食べた後、眠りに入り易い。

身体が動くことによりアルカリ化して、特にいっぱい飲みたくなる。酸化物である酒類が身体に入ることにより、身体のpHを酸化に向かわせる。酒のために身体の電位は、飲めば飲むほど、身体の腹に入った酒との電位差が縮まり、最後は眠くなってしまう。大量の酒は身体を還元するのに長時間を要してしまう。よくあるパターンで、泥酔を仕事の疲れを取る手段であると考えてしまうのである。ストレス解消と呼ばれ、身体の疲れは取れないが、心の葛藤が解れるようである。次の仕事のために「憂さ」を晴らしているのである。自分の頭がリフレッシュしていると感じとっているようであるが、実は次のステップのための、パソコン流で言えば、バージョンアップにほかならない。

毎日の体調維持は、仕事や勉強に重要なことである。少し足が痛いだけで、動くのをためらってしまうのである。足首が痛い時、つい手で擦ってしまうが、この摩擦による熱で足首の痛みが和らぐことを覚えた。擦ると足首が温かくなり、痛みが和らぐと分かる。また、少し痛みが減ると動き出し、動くことによって足全体が温かくなり、痛みがなくなってしまう。

人の神経というのは少しの温度上昇で反応するものと

実感する。この温度差を理解するまでは、市販の薬に頼って、貼り薬や塗り薬を常備し、痛いと安静にして治るのを待っていた。一向に治らず治療院でマッサージや温湿布で痛みが和らぎ、やはり医療でなければ治らないと思っていたのである。

しかしながら、マッサージとか、温湿布は身体の一部を温めていたのであり、今、自分で足を擦って温めると同じような効果を出していた訳である。身体に異変があると、金を使って何とかすることばかり考えていたから、自分の知恵は殆ど出せなかった。金を使わず頭を使え、などという台詞は、けちのすることだと考えていたからである。

金を使うことこそ、この世では最高の行動で、特に身体に関しては、一番先に医者にかかる。これが、今までの正攻法であった。そして、結果が惨めになるまで、医者を信じて身銭を投じてきたのである。腰痛なども随分通ったが、行った時は少し良くなる感じがしたから、誤った治療法ではないと考えていた。身体のことは金を使って治す、という公式が出来上がっていたのである。

自分の身体であるのに、何故痛いのかを何も考えずに、他人の言う助言もあったが、医者の言うことではないので、除外していたのである。現在は、自前の電気的解釈で確証を以て、身体の維持・管理を行っている。身体はハードウエアであるから、絶対的な価値である。

（注４）快感（欲）を求めるのは人の真実の姿である。

32

人生の大きく掲げた目標を達成するには、第一に身体が健康でなければならない。健康といっても、目安になるのは客観的に医療に頼ることがない状態、と判断している。

さらに、自前の理論では身体の維持・管理を自分でして、常に仕事、勉強ができる状態にある。医者に頼っていた時と違う点は、自前の理、即ち、電気的解釈に基づく健康法であり、基本が電気理論であるので、絶対正しいのである。

電気理論といっても、一部の専門の人しか理解していない分野である。身体について、電気のことを知らないと理解ができない。人の身体は電気以外の力学についても、例えば、力のモーメントというのがあるが、人が前の方に倒れそうになったら、右足か左足かが前に出て、転ばないように反射的に足を出す。身体のバランスを常に整えているのである。人の身体は自然に力学の法則に則ったように、正しく判断して、身を守っているのである。過去の偉人が数学的に公式として、力学を完成させた。科学であるから、単位を決め再現可能な普遍的真理である。ただ、身体の方は感覚的に自然の理によって、生命が守られていることになる。力学については、見える世界で分かり易いが、電気については少し高度になる。

筋肉トレーニングで使うマシーンで、足のトレーニング用の自転車では、回転数によって発電する電気量が計測される。長時間漕ぎ続けるスピードでは、30Wくらいである。

また、人の身体は発熱していて、概算で100Wくらいである。足し算すると、人の身体は130Wということとなる。歩いていると、寝ている時よりも体温が上昇し、汗も出てくる。電気の知識がなくても、身体の方は自然の理に則り、運動を熱に変換しているのである。

どのように熱が発生するかを電気屋が考えると、電気コンロのように、身体が動いた時の電気が同時に身体で消費され、熱になったと解釈する。電気用語でいえば、ジュール熱という電流が流れた時の熱である。

人間の身体は電気の知識がなくても、動く時に発電し、同時に身体は電気を消費し、体温を上げているのである。電力会社が発電し、家の電気コンロで水を沸かすのと同じようなことを、身体は自然に行っていることとなる。

電気のことも、力学のように公式として、数学的に表現して、過去の偉人が電気磁気学を創ったのである。電気は照明、電熱のほかに動力源として、幅広く活用できる優れものである。人の身体も自分に必要な分しか発電しないが、体温の熱や自由に動ける動力を維持し、尚、且つ、頭脳を働かす電力を自分で賄っているのである。

これらの事実を知ったなら、苦手な理系の学問も悪いものではなく、学ぶ価値があると関心を持ってくれるものと望んでいる。

33

電気の学問は科学であるから、再現可能であり、電気製品は常に安全に製作され、人々の役に立っている。耐久製品である家電製品は、安全をモットーに生活必需品として普及したのである。人間の力には限度があるから、電気洗濯機はありがたいものである。昔話にあるような「川で洗濯」は、女性の身体にはかなりの負担があったと痛感する。川の水に浸かり、しかも長時間の作業は、身体には良くなかったのである。人の身体も電気も動く頭脳や発電した電気で身体の体温を維持しているのに、水の中での作業のため、常に熱を水に盗まれる故、身体は疲労するのである。

人は疲れを感じた時、仕事を中断をしたり、勉強も中断する。但し、余裕が残っていても止めてしまうことがあるので、つまらぬ仕事や勉強から抜け出すことを選んでしまうのである。

ここで、仕事や勉強の目的は認めている条件で考えると、身体の疲労が第一に中断の理由である。何故、中断するのかというと、身体がアルカリ化しているためである。さらにアルカリ化しても頑張るには、脳の命令系統である意思の強さに掛かっている。「信」を持つと意思が強くなるのである。少々の疲れでは中断せず、仕事、勉強を続けることができる。疲れた時は、一般に繰り返し作業のように一時休憩をとり、一旦身体を酸化させて、次の仕事、勉強に精を出す。しかし、疲れを取る酸化は「食・性」に基づくもののほうが効果的で、身体は休憩により、かえって動けなくなってしまうことがある。

要はだらけてしまうのである。強制労働でない限り、自分の「信」で仕事、勉強をやり遂げねばならない。日々、「信」に基づいてバージョンアップをしているので、気後れせず明日が楽しみである。あれも、これもしたいが、口だけになってしまうケースすらある。長期展望を掲げ、計画と実行で得たいものを得るように、工作する方法を練る。「意思あるところに道は通ずる」のであって、望みは叶うものである。厭く迄、塵積の如しである。

34

人は「ないもの」を求めて、毎日活動している。しかしながら、社会はそう簡単に与えてはくれない。人は欲しいものを求めて、努力している内に疲れ切ってしまう。普通はここらで諦めて止めるか、次の手を打つのである。何故、続行できないか考えもしないからである。身体が言うことを聞かないことが分かっていても、原因も考えず、ただ、中断してしまうのである。人の意欲は脳の指令で動くのに、何故、脳が働かなくなるか誰も電気現象として、捉えたことはない。元に戻すにはどうするか、同じようなことを繰り返すにはどうするか、追究すれば答えが出てきそうである。脳はハードウエアであり、疲れた状態を研究し、還元する方法を見出せば良かったのである。還元する方法を誤ると不可能である。

疲労した身体は、酸化か、アルカリ化の判断ができるか、で方法が決まるのである。疲れると酒でも飲みたくなることを考えると身体がアルカリ化していると判る。酒類でなくても、甘いものが食べたくなるのである。また、同じことを繰り返す作業は、飽きて当然である。電圧が下がって意欲がなくなってしまうため、飽きてしまうのは当然である。

人は変化の中でリフレッシュして、継続が可能となる。身体は音楽のリズムのように、強調の中で疲労を回避している。一年中緊張して猛ダッシュしたら、長時間はとても持たないのである。メリハリをつけて長続きすると心得る。

但し、懸命になっていると、自分を忘れ、自分の身体の状態を忘れ、ダウンしてしまう。長時間の緊張は要注意である。時間に追われたり、余裕がなくなると、身体の状態どころではなくなり、一般に我を忘れてしまう訳である。半強制的な仕事や国家試験では、長期間の拘束があり、自分のことを忘れ、辛抱強さだけで乗り切ってしまう。

終わった後の反省は欠かしてはいけない課題である。

終わったら全て終わりでなく、次のステップでバージョンアップするくらいの心のゆとりが大事である。

仕事が終わると気が緩むのは何故か、国家試験が終わった後の心の緊張感の緩みは、次のステップへの踏み台であったのかと、いまさらのように反省の色を隠せない。かなり高いハードルを乗り越えたのに、終わったら全て忘れてしまうのは残念である。試験が終わって、今こそ落ち着いて勉強ができることを考えれば、年に一回の試験も、無駄（注５）にしてはならないのである。ハードルを乗り越えたら、一つ経験が増えたのである。自分の脳のソフトはバージョンアップし、考え方が一つ変化しているのである。そして、さらにアップした難問に向かってゆく。

（注５）毎年一回だけする国家試験が終わって、解答を理解していくことにより、今後の糧にする。

35

電気の技術的なスキルアップと人間との関わり方は、さほど変わりなかったが、電気の身体への応用となると、社会への緊張は大きいと考えられる。そのため、さらに人間的に成長していると実感するのである。人の身体はいつも、ないものを求めているのであるから、経済は人の身体の要求に従って動くのである。物の価値も要求している時に生まれてくるのである。

人の身体は神経でコントロールしている。電気信号が神経に伝わって身体を動かしているのである。人の身体の元は電気エネルギーであり、過去の記録より頭脳にインプットされ、アウトプットとしての今の行動がある。過去の行動に関する記憶プラス新しい自己の創意で現代を生きている。日々更新の考えで誤りを正しつつ、他人との関係は信頼を回復する努力をして、無形としての文化を育てる。有形の「衣・住・食」は、他人との関係の中で、物対物交換であり、金銭が絡む経済がある。
「信」の中での経済（注6）は、生きられるという確証を表に出して成り立つ。不安を感じさせるような経済状態、つまり、言い方を換えると、生命を脅かす状況下では、物対物交換の間接的交換である金での取引を疎外する。生きられるという保証付きで、金は動くのである。人は豊かになると感じると幸福感を得る。また、動物では真似できない豊かさで人間は欲の深さから、他人との比較の中で、人並みの生活をしたいために、「物」を欲しがる。新しい電気製品が出回ると、今までにない製品であるから、欲しがるのである。新しい製品は社会の変化であり、物の売買は経済に拍車を掛ける。

経済の発展には、第一に身体の健康が条件である。車社会が実現し、人々の活動が広範囲に拡大したのも、人の健康が可能にしていたのである。新しい車が販売されると、欲しいと考えるのは、健全な証である。調子のいい人には調子のいい人達が集まるものである。人々は寄り集まる理由を知らなくても、動物と同じように、類は友を呼ぶのである。当然、友が離れてゆくのは、つまらぬ人には近づかない本能的なものがあるからである。「信」のある人は、強引で、不動の位置を築くのである。世界は無形の文化の意志の働きで、有形の文明を築いている。新しい文明の利器は、人々に新しさを提供し、時代の流れで活発な経済活動になり、金回りが良くなるのである。

芸術関係の産業は、間接的生活必需品を目標に掲げ、日常に生かす産業としての立場を確立する。文芸についても人生を揺るがすほどの改造を目標にする。文芸は人に与える影響が大きく、内容の深さにより、人々を動かす。文章は目から入る刺激であり、アウトプットとして、人の行動が社会へ影響を及ぼす。

(注6)「信」を持って生きている人々の経済は確定している仕事をする。必ず生活に必要なライフラインの仕事である。

あとがき

文章を書いて保存し後世の人のために残し、形のない文化を伝えることは、子を持つ親としての義務である。なぜなら、１人の執筆ではあるが、人の命を永遠に繋ごうとする生物の本能だからである。但し、人の本能は自然界の動物と違い、学ばないと性行為すら知らない人間となってしまう。

ましてや、人の永遠の命のことなどは、教えられなかったら、一生知らずに終わってしまう。例えば、画廊で色について学んだとする。植物の緑色はどうして緑に見えるのか？　絵の緑色は反射して見えるが、一方で、植物の緑色は太陽の光の内の緑だけが反射して見えるのだ。太陽の光の中の赤と青は植物に吸収され、光と水と空気中の二酸化炭素とで光合成して糖を作っているのである。光合成は義務教育でも習ったことではあるが、自ら考えつくには、一生かかっても辿り着く自信はない。ここで、教育のありがたみを感謝する次第である。

知識の積み重ねで文化は発展し、人は今後も豊かになってゆく。一般的に言えば、教育から文化を学び、後世に伝えなければいけない役目があると自覚しなければならない。しかしながら、人のエゴイズムはそうは簡単にいかぬ歴史を辿ってきたのだ。ここで、何とか改心を願って止まない。

著者プロフィール

小嶋 敬三（こじま けいぞう）

1950年 8 月30日生まれ
埼玉県出身
1980年、芝浦工業大学電気工学科卒業
35歳で第 2 種電気主任技術者、エネルギー管理士（電気）を取得。製造業（車、家電等）、電気保安業（67歳で退職）を経て、現在電気保安業として独立
主に電気工学を学び、2021年頃から電気の知識を基に人の身体に応用できることを試み、仕事の傍ら成果を執筆活動中である
趣味：ギター、民謡、デッサン

論理の基準

2023年 3 月15日　初版第 1 刷発行

著　者　小嶋 敬三
発行者　瓜谷 綱延
発行所　株式会社文芸社
〒160-0022　東京都新宿区新宿1－10－1
電話　03-5369-3060（代表）
03-5369-2299（販売）

印刷所　図書印刷株式会社

ISBN978-4-286-28027-1